SCM

Stiftung Christliche Medien

Der SCM Verlag ist eine Gesellschaft der Stiftung Christliche Medien, einer gemeinnützigen Stiftung, die sich für die Förderung und Verbreitung christlicher Bücher, Zeitschriften, Filme und Musik einsetzt.

© 2016 SCM-Verlag GmbH & Co. KG, 58452 Witten
Internet: www.scmedien.de; E-Mail: info@scm-verlag.de

Die Bibelverse sind folgender Übersetzung entnommen:
Neues Leben. Die Bibel, © der deutschen Ausgabe 2002 und 2006 SCM-Verlag GmbH & Co. KG, Witten.
S. 82 „Jetztzeit": Prediger 3,1-2.6-7, S. 90 „Genusstag":
Jakobus 5,13, S. 98 „Stilletag": Prediger 12,1

Gesamtgestaltung und Illustrationen: Christina Custodis, BV-Grafik
Druck und Bindung: CPI books GmbH, Leck
Gedruckt in Deutschland
ISBN 978-3-7893-9627-4
Bestell-Nr. 629.627

ANJA SCHÄFER

Anleitung zum Weglassen

50 IDEEN FÜR MEHR ÜBERSICHT IM LEBEN

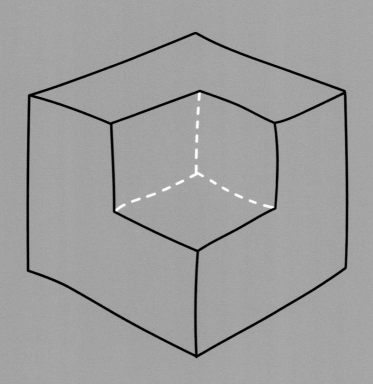

Die Kunst des Weglassens einüben

Wir haben von vielem zu viel. Zu viel Zeug, zu viel Druck, zu viele Termine, zu volle Kleiderschränke – und immer ist was los. Unser Leben ist überfüllt. Und weil alles immer von selbst noch mehr wird, wenn wir nicht gegensteuern, ist „weniger" das Gebot der Stunde: Überflüssiges loswerden, Ballast abwerfen, Raum schaffen für das Wichtige. Denn wenn wir weglassen, was uns fruchtlos beschäftigt und einspannt, haben wir den Kopf frei für das, was uns tatsächlich etwas bedeutet. Insofern meint Weglassen dann eigentlich ein Mehr: ein Mehr an Wesentlichem. Mit der Kunst des Weglassens behalten wir den Überblick darüber, wie wir handeln und womit wir viel Zeit verbringen wollen. Und womit nicht.

Oft achten wir nur darauf, wie viel Geld etwas kostet. Letztlich müsste sich jeder Gegenstand, jeder Besitz – von der Topfblume bis zum Wohnmobil, vom Smartphone bis zur Saftpresse – aber genauso daran messen lassen, ob er das Maß an Freiheit und Nerven, die er uns raubt, und die Zeit und Aufmerksamkeit, die er erfordert, wirklich wert ist. Wir nehmen es hin, dass wir in vollgestopften Dachböden und Kellern erst endlos Kisten umherstapeln müssen, bevor wir finden, was wir suchen. Oder dass wir gefühlte Stunden vor dem Kleiderschrank stehen und vor lauter Kleidung, die uns nicht mehr passt oder nicht mehr gefällt, nicht wissen, was wir anziehen sollen. Dabei kostet uns all das Lebenszeit. Vielleicht unser wertvollster Besitz.

Weniger von dem, was überflüssig ist, schafft bei mir Raum für das, was ich wertschätze. Ich möchte gern neben meiner Arbeit mehr Zeit haben für Beziehungen. Für Freundschaften. Für Menschen. Will mit Nachbarinnen und Freunden bei dampfender Pasta und knusprigem Ciabatta um unseren Esstisch sitzen und lachen und betroffen schweigen und die Winkel und Kanten der anderen kennenlernen. Will Gelegenheiten schaffen, in denen unsere Sprösslinge uns ihre kindisch-klugen Ideen schenken. Will mich irgendwo engagieren für Menschen. Andere wollen vielleicht mit Kollegen den nächsten Halbmarathon laufen, als Familie die Ostseeküste entlangradeln, eine Kreativgruppe mit geflüchteten Frauen gründen, eine Lebensgemeinschaft starten oder mit besten Freunden verrückte Ideen umsetzen.

All das hat aber nur wenig mit Besitz zu tun. Begegnungen müssen gar nichts kosten. Jedenfalls kein Geld. Nur Zeit – und dafür leben wir heute oft zu hektisch. Bei Jesus wirkt das auf mich noch ganz anders. Ob man damals einfach noch mehr Zeit hatte? Oder ob er sie sich genommen hat? „Lasst doch die Kleinen zu mir kommen", sagte er jedenfalls ganz entspannt, als die Jünger sie zu ihren Eltern scheuchen wollten. Er nahm sich Zeit für Kinder, besah sich einen verdorrten Feigenbaum am Wegesrand genauer und erklärte seinen Jüngern ohne Eile daran eine ewige Weisheit. Er wanderte und predigte, er traf sich mit Menschen zum gesprächsreichen Abendessen und wenn man seine Geschichten liest, wirkt sein Tempo nicht gehetzt. Davon würde ich gerne lernen.

> Die Kunst des Weglassens ist eine Sache meines Herzens, meiner Einstellungen und Ziele.

Ich möchte mich in der Kunst des Weglassens üben. Nur: Was kann jetzt weg, was soll bleiben? Oder pointiert gefragt: Was brauche ich? Eine Frage, auf die es so viele verschiedene Antworten geben dürfte, wie Menschen auf der Erde leben und die schon deshalb interessant ist. Trotzdem stellen wir uns diese Frage nur selten wirklich und bewusst. Welche Dinge,

Aufgaben und Menschen brauchen wir tatsächlich im Leben? Welche will ich brauchen? Welche will ich nicht missen? Und warum?

Die Kunst des Weglassens ist eine Sache meines Herzens, meiner Einstellungen und Ziele. Sie hilft mir beim mühsamen Kampf gegen das „Eigentlich": Eigentlich würde ich ja gern ... – habe aber keine Zeit. Eigentlich wäre es mir wichtig zu ... – muss mich aber um so Vieles kümmern. Eigentlich ... Da spricht mein unklarer, unsortierter Wille. Unwichtiges wegzulassen – Kram, Termine, Kontakte, Verpflichtungen zu streichen – hilft mir, Wichtiges nicht mehr nur eigentlich, sondern endlich richtig anzupacken. Darin liegt kein Heilsversprechen. Nicht einmal eine Garantie für ein glückliches Leben. Aber die Erfahrung lehrt, dass man mit leichterem Gepäck befreiter unterwegs ist.

Die fünfzig Ideen in diesem Buch wollen helfen, gute Bereiche zum Weglassen zu entdecken, konkrete Startpunkte zu finden, weiterzudenken und einfach mal loszulegen. Die meisten Ideen sind Vorschläge, was man einfach mal weglassen könnte. Andere Ideen laden ein, mal etwas auszuprobieren, Fragen zu stellen, ein kleines Experiment zu wagen und für eine bestimmte Zeit oder auch auf bestimmte Art auf etwas zu verzichten.

==Weglassen bedeutet für mich zugleich, die kleinen Dinge wertzuschätzen, dankbar zu betrachten, was ich habe, in guten Momenten innezuhalten, das Tempo runterzufahren, nicht ständig erreichbar zu sein, gern zu verschenken und zufrieden zu leben.== Statt von Action zu Action zu jagen, will ich gutes Essen kochen und Kerzen anzünden und flüstern und laut lachen. Will vorlesen, schenken, umarmen, mich in Musik verlieren, Schönheit bestaunen, immer wieder, weil ich mich an Schönem nicht sattsehen kann. Ich will leben, lachen, glauben, hoffen und lieben. Denn wegzulassen meint eigentlich, das Wesentliche strahlen zu lassen.

Weglassen: Entertainment

Man möchte sich gar nicht so genau ausrechnen, wie viel Zeit im Leben man schon vor der Flimmerkiste verbracht hat. Laut Gesellschaft für Konsumforschung, die unsere Fernsehgewohnheiten unter die Lupe nimmt, sind es im Durchschnitt täglich drei Stunden. Drei Stunden! Das wären in achtzig Jahren Lebenszeit 87 600 Stunden fernsehen. Und das, obwohl man doch auch so viele gute Bücher lesen, Rückenkraulen trainieren, sich mit vielen Menschen sehr nett unterhalten, Fünf-Gänge-Menüs kochen, mit Flüchtlingen Deutsch lernen oder aus dem Fenster starren könnte. Und seien wir ehrlich: ziellos im Internet zu surfen ist auch nicht besser als die Flimmerkiste.

Räume den Fernseher auf den Dachboden (oder häng halt ein Poster davor). Schalte dem Computer und der Wii abends den Saft ab. Was könntest du in einem Jahr gelernt oder erreicht haben, wenn du heute Abend damit anfängst? Welches Theaterstück oder Restaurant wolltest du längst mal besuchen? Wen wolltest du schon immer mal wieder anrufen? Welcher freiwillige Einsatz reizt dich? Und nette Spiele gibt es übrigens auch. Vieles ist geselliger, bildender, anregender und überhaupt lässiger, als zur Sofakartoffel zu mutieren und vor der Flimmerkiste zu verschimmeln.

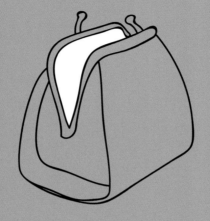

Es ist eine Gabe, das Unwichtige auf dieser Welt tatsächlich unwichtig zu nehmen.

Frank Thiess

Weglassen: Plusterbörse

Hole einmal deine Geldbörse aus der Hosen- oder Handtasche und breite deren Inhalt vor dir aus. Alte Bons? Einkaufszettel? Abgelaufene Rabattkarten? ==Miste gründlich aus und freue dich an der neuen Übersichtlichkeit.==

> Die Kunst der Weisheit
> besteht darin zu wissen, was
> man übersehen muss.
>
> William James

Weglassen: Computerchaos

Zahllose Dateien und Programme auf der Startseite des Computers? Wild hin- und hergespeicherte Dateien in unklar benannten Ordnern? Genau wie ein klar sortierter Schreibtisch mit freien Arbeitsflächen und klaren Ablagesystemen hilft auch eine aufgeräumte Benutzeroberfläche dabei, Arbeitsabläufe zu vereinfachen und den Gedanken mehr Klarheit zu gönnen. Dazu trägt auch jedes Programm oder jede App bei, die ich deinstalliere, wenn ich sie seit einem Jahr oder länger nicht mehr benutzt habe.

Die Seele jeder
Ordnung ist
ein guter
Papierkorb.

Kurt Tucholsky

Weglassen: Autokrimskrams

Zugegeben: Mein Kofferraum ist nicht immer leer und gesaugt. Neben Erste-Hilfe-Kasten, Kühltüten und Lenkdrachen, die hier ihre Heimat haben, kutschiere ich häufiger auch noch tagelang leere Wasserkästen, Boxen mit Kram, Altglaskörbe, Kindersitze und Sonstiges herum. Das perfekte Versteck für Gegenstände, die unsere Familie tagelang sucht, was natürlich lästig ist. Zudem bedeutet mehr Gerümpel auch mehr Gewicht und damit höheren Benzinverbrauch. Da hilft nur eins: Kofferraum plus Ablagen in den Seitentüren und das Handschuhfach aufräumen, sortieren, Müll wegwerfen.

Nachdenken: Wie will ich leben?

Um eine größere Übersicht im Leben zu erlangen, helfen Fragen beim Sortieren. Weshalb möchtest du dich in der Kunst des Weglassens üben? Überlege dir einmal, was du dir davon erhoffst, was du dir wünschst und was du dir vorstellst, wie Weglassen dein Leben bereichern soll. Allein das sorgt schon für größere Klarheit in den Gedanken.

▸ Was will ich weglassen? Diese Frage würde jeder für sich ein bisschen anders beantworten und hängt ab von der Gegenfrage: Was brauche ich im Leben? Was ist notwendig, was ist überflüssig? Entscheidend ist, wonach wir im Leben streben und wofür wir demnach etwas brauchen. Der eine sagt: Ich behalte nur noch Dinge, die notwendig sind, um glücklich zu leben. Die andere sagt: Ich möchte nur die hundert Dinge besitzen, die existenziell wichtig sind für mein Leben. Und wieder eine andere formuliert für sich: Mein Leben soll aus Dingen, Menschen und Aufgaben bestehen, mit denen ich Gott und anderen dienen kann. Welche sind deine Werte? Was ist dir wichtig?

▸ Teile ein Blatt Papier in zwei Hälften und schreibe darüber: Was tue ich ungern? Und: Was beflügelt mich? Fülle die beiden Felder aus und überlege anschließend, wie dir die Kunst des Weglassens dabei helfen kann, weniger Zeit mit dem einen und mehr Zeit mit dem anderen zu verbringen.

▸ Überlege einmal, wie deine Wunschvorstellung von dir selbst und deinem Leben aussieht: Wie erträumst du dir deine Wohnung? Deinen Alltag? Wie würdest du leben wollen?

▸ Schreibe dir einmal auf, was in deinem Alltag, deiner Wohnung, deinem Besitz und deiner Lebensgestaltung überflüssig sein könnte. Wenn du eine Sammlung zusammenhast, gehe sie noch einmal durch und markiere jeden Punkt, der sich mit wenig Zeit und Aufwand aus deinem Leben verbannen ließe mit einem „E" (wie einfach). Und die drei Punkte, die du als Erstes angehen willst, mit den Zahlen 1 bis 3.

Was es alles gibt, das ich nicht brauche!
Sokrates

Weglassen: Küchenspielereien

Eine gute Pfanne, vier verschieden große Töpfe, drei gute Messer – wie viel mehr braucht man wirklich zum Kochen? ==Ich bin geizig mit dem Platz in meinen Schränken.== Dafür komme ich an alles gut heran, nichts quillt oder purzelt heraus oder muss erst mühsam ausgegraben werden – und das bei einer sehr überschaubaren Menge an Schränken und Schubladen in meiner Küche. Manchmal wäre eine Küchenmaschine vielleicht praktisch, aber Mixer und Pürierstab tun es auch und ich habe mehr freien Platz auf meiner Arbeitsfläche. Ein Wasserkocher, eine Kaffee-Maschine und ein Toaster – mehr Geräte mit Stecker stehen bei mir nicht herum. Geschirr haben wir gerade genug in den Schränken, dass es bis zur nächsten Spülmaschinenladung reicht. Und Eierköpfer, Zitronenzester und Eismaschine habe ich bislang noch nicht vermisst.

Ausprobieren: Einfach kochen

Die Alternative muss gar nicht lauten: Käsebrötchen vom Bäcker oder umständliches Fünf-Gänge-Menü. Man kann auch mit wenigen Zutaten lecker kochen. Und dann am allerliebsten ohne Hetze und Ablenkung genießen. Mit allen Sinnen. Die Düfte wahrnehmen. Die Aromen auf der Zunge zergehen lassen. Viel ist dafür gar nicht nötig: Diese drei Rezepte brauchen jeweils nur vier Zutaten, dazu Gewürze und Öl.

Und sich hin und wieder zu überlegen, was sich mit den Zutaten aus den Vorratsschränken noch zaubern lässt, spart Geld und schafft Platz.

Tomaten-Rucola-Pasta

250 g Nudeln in Salzwasser gar kochen. 250 g Cocktailtomaten waschen und halbieren. 100 g Rucola waschen und abtropfen lassen. 200 g Fetakäse würfeln. Olivenöl erhitzen, Tomaten wenige Minuten dünsten. Rucola, Pasta und Feta daruntermischen. Mit Knoblauchsalz und Pfeffer würzen.

Reis mit Zwiebeln und Bananen

250 g Reis nach Packungsanleitung kochen. 2 gewürfelte Zwiebeln in Öl andünsten. 4 Bananen klein schneiden, dazugeben, etwas mitbraten. Dann 80 g Butter, 2 EL Curry, 1 EL Kurkuma dazugeben, salzen und pfeffern. Bananenzwiebeln unter den Reis mischen.

Flammkuchen

200 g Mehl mit 1 TL Salz, 1 EL Öl und 100 ml Wasser verkneten. Eine Stunde ruhen lassen. Ofen auf 200 Grad vorheizen. Eine Zwiebel in Ringe schneiden. Den Teig auf der bemehlten Arbeitsfläche ausrollen und auf ein geöltes Backblech legen. Mit 200 g Saurer Sahne bestreichen, pfeffern und salzen, mit Zwiebelringen belegen und mit 100 g Speckwürfeln bestreuen. Etwa 20 Minuten backen.

Wenn jeder Einzelne darauf verzichtet, Besitz anzuhäufen, dann werden alle genug haben.

Franz von Assisi

Weglassen: Zu viel arbeiten

Vielleicht erscheint bei dem Vorschlag, weniger zu arbeiten, nur ein mattes, schnippisches Lächeln auf deinen Lippen. Warum? Weil zu viel zu tun ist? Weil in deiner Abteilung zu viele krank sind? Weil weniger arbeiten einfacher gesagt ist als getan? ==Die Umsetzung mag schwieriger sein, unmöglich ist sie aber häufig tatsächlich nicht==. Ich kenne persönlich höhere Angestellte, in deren Abteilungen noch niemand auch nur von reduzierter Arbeitszeit gehört hätte und die heute trotzdem eine 80-Prozent-Stelle haben oder die nur noch an vier Tagen im Büro sind, weil sie in dieser Zeit nachweislich dasselbe schaffen wie ihre Kollegen mit einer vollen Stelle. Überleg dir ein oder mehrere gute Varianten, wie es bei euch funktionieren könnte, marschiere zu deiner Chefin oder deinem Chef und vereinbare ein Sabbatical, nimm unbezahlten Urlaub, verzichte auf eine Gehaltserhöhung oder den Karrieresprung, wenn du weniger arbeiten willst, und behalte dafür mehr von deiner Zeit.

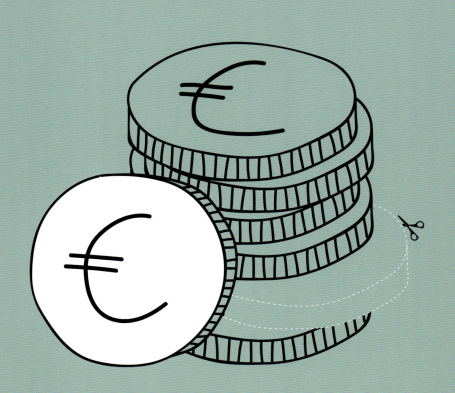

Weglassen: Viel Geld ausgeben

Wer viel ausgibt, muss viel verdienen. Heißt im Umkehrschluss: Wer weniger ausgibt, muss weniger arbeiten. Sechs Tipps finden sich hier. Mindestens sechs Millionen weitere lassen sich selbst herausfinden ...

▸ Günstiger Urlaub: Neben teurem Hotelurlaub gibt es auch viele günstige Varianten. Zum Beispiel die Wohnung mit Freunden zu tauschen – oder über eine Haustausch-Agentur mit Leuten, die ähnlich denken.

▸ Wohnraum überprüfen: Brauche ich eigentlich so viel Platz? Reicht auch eine kleinere Wohnung? Kann noch ein Mitbewohner bei uns unterkommen? Könnte ich das geplante Haus auch kleiner bauen? Weniger Quadratmeter bedeuten weniger Miete oder einen kleineren Kredit.

▸ Unkraut sammeln: Unkraut wächst überall und ist völlig kostenlos. Da sind die Zutaten für Brennnessel-Gratin und Giersch-Pesto beinahe geschenkt. Und schließlich ist die Unterscheidung zwischen Unkraut und Nutzpflanze äußerst willkürlich. Obst von wilden Streuobstwiesen geht natürlich auch.

▸ Dosis verringern: Spülmaschinen-Tabs lassen sich teilen, Shampoo und Putzmittel mit Wasser verlängern – die Reinigungskraft reicht trotzdem völlig.

▸ In der Kantine speisen: Größere Unternehmen haben häufig Kantinen, in denen lecker gekocht wird und die auch Nichtangestellten offenstehen. Gilt auch für die Mensa an der Uni. Kein Fünf-Sterne-Ambiente, aber oft gutes Essen zum günstigen Preis. Noch günstiger ist natürlich Selbstkochen.

▸ Anbieter wechseln: Kfz-Versicherung, Krankenkasse, Stromanbieter – es lohnt sich, jedes Jahr neu zu vergleichen. Zugegeben, sich zu informieren und zu wechseln ist etwas lästig, kann aber tatsächlich mehrere Hundert Euro auf einmal einsparen. Und so manche Versicherung ist sogar vollkommen überflüssig, da lohnt es sich, kritisch durchzuforsten.

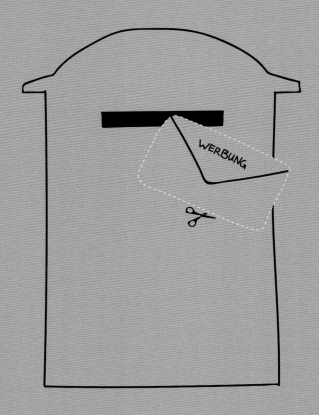

Und es gibt keine Größe, wo nicht Einfachheit, Güte und Wahrheit herrschen.

Leo Tolstoi

Weglassen: Werbeflut

Wir haben jede Woche diese Plastikhülle mit diversen Prospekten im Kasten. Sie durchzusehen kostet Zeit – und manche angebliche Bedürfnisse werden bei uns durch sie erst geweckt. Der Kauf all der Angebote wiederum kostet Geld für Dinge, von denen ich besser nie gewusst hätte, dass ich sie brauchen könnte. Mit einem Aufkleber „Bitte keine Werbung!" kann uns all das so einfach erspart bleiben.

Ausprobieren: Die zehnteilige Garderobe

Weil sie bei ihrem Aufenthalt in Paris nur eine Kommode im Zimmer hatte, in die all ihre Kleidung passen musste, begann Jennifer L. Scott darüber nachzudenken, wie viele Kleidungsstücke sie überhaupt braucht, und entwickelte die Idee von der „Ten Item Wardrobe" – der zehnteiligen Garderobe. Nun ist zehn eine willkürliche Zahl, es könnten genauso 14 oder 24 Kleidungsstücke sein – entscheidend ist, dass man einen Rahmen finden kann, der genügt. Und weniger Schätzchen im Schrank hängen zu haben, hat den Vorteil, dass es schneller geht, sich morgens ein Outfit zusammenzustellen.

Jennifer L. Scott rät, jedes Kleidungsstück aus dem Schrank zu nehmen und sich ein paar Fragen dazu zu stellen:

- ▶ Passt es?
- ▶ Wird es mir realistischerweise jemals wieder passen?
- ▶ Ist es noch gut genug erhalten?
- ▶ Ist das mein Stil?
- ▶ Habe ich es in letzter Zeit (im letzten Jahr? in den letzten drei Jahren?) getragen?

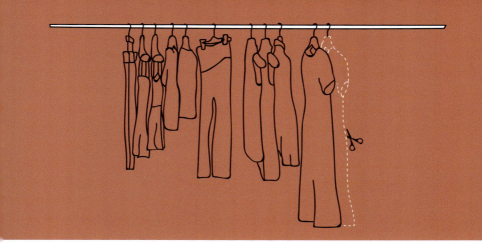

==Die Kleidungsstücke, die genügend Neins einsammeln, wandern in die Box mit Teilen, die ich später verschenke oder verkaufe.==

Alles, was gerade nicht zur Jahreszeit passt (im Winter alle Spaghettitops und kurzen Hosen, im Sommer die Wollpullis ...) wandert auf den Dachboden oder wird eingepackt und irgendwo an der Seite im Kleiderschrank gelagert.

Dann geht es daran, eine begrenzte Anzahl von Basics zu finden, die man jeden Tag trägt.

Entscheidend ist, dass die Anzahl übersichtlich ist und die Kleidungsstücke zueinander passen. Es könnten beispielsweise zwei Jeans, zwei Röcke, zwei Kleider und vier Pullis sein. Das wäre die zehnteilige Garderobe.

Unterwäsche, Strümpfe, Leggins und Schlafanzüge unterziehen sich ebenso den oben genannten Fragen, werden im Zweifelsfall aussortiert und eine überschaubare Anzahl einsortiert. Darüber hinaus hängt man einige wenige (!) besondere Kleidungsstücke für spezielle Anlässe in den Schrank.

Mit ein paar Blumen in meinem Garten, einem halben Dutzend Bildern und einigen Büchern lebe ich ohne Neid.

Lope de Vega

Ausprobieren:
Einen Monat lang täglich von einer Sache trennen

Dachböden, Keller, Garagen, Hobbyräume und Abstellkammern haben eins gemeinsam: Sie neigen zum Überquellen. Wir besitzen so viel, dass wir häufig gar nicht mehr wissen, was wir alles haben oder es nicht finden, wenn wir es brauchen. Was hilft: jeden Tag eine Sache aussortieren, deponieren und einmal im Monat alles tauschen, versteigern, spenden, wegwerfen oder verschenken. Wer sich nicht gleich trennen mag, kann die Sammlung auch unter Quarantäne stellen – und erst nach sechs Monaten entscheiden, was wirklich raus muss. Alternativ kann man auch jeden Tag zehn Minuten für das Aussortieren reservieren, dann wirkt die Entrümpelung des CD-Regals oder der Aktenordner nicht mehr ganz so bedrohlich.

Keine hohe Mathekunst, aber eine nette Rechenspielerei: Wer sich täglich nicht nur von einer, sondern von drei Dingen trennt und ein ganzes Jahr durchhält, lagert schon über 1 000 Dinge weniger in seinen Küchenschubladen, Werkzeugkisten, Schrankregalen ...

Friede ist
die Ruhe der
Ordnung.

Augustinus von Hippo

Ausprobieren: Eins rein, eins raus

Wer ohnehin schon volle Schränke hat, kann sich an die einfache Regel halten: **Für jedes Teil, das ins Haus kommt, verschwindet ein anderes.** Für jedes neue Hemd verlässt ein Kleidungsstück den Schrank. Für jede neue DVD wird eine andere aussortiert. Für jedes neue Kosmetikprodukt wandert eine lange unbenutzte Tube oder Dose in den Müll.

Wir bestreiten unseren Lebensunterhalt durch
das, was wir verdienen, aber wir gestalten
unser Leben durch das, was wir geben.

Winston Churchill

Weglassen: Verschuldung

Wer 2014 wegen einer Verschuldung eine Beratungsstelle aufgesucht hat, war im Durchschnitt mit 34 500 Euro verschuldet – was in etwa 34-mal so viel war wie das errechnete durchschnittliche Monatseinkommen dieser Menschen. In manchen Fällen führen Schicksalsschläge zur Verschuldung, in anderen übergroße Konsumwünsche. Immer machen Schulden das Leben schwieriger, unfreier und komplizierter.

Wer dagegen seine Schulden radikal abbaut und unterhalb seiner Verhältnisse lebt, kann weitaus Besseres mit seinem Geld anstellen: für schlechte Zeiten sparen zum Beispiel und reisen und das Glück darin finden, anderen zu helfen.

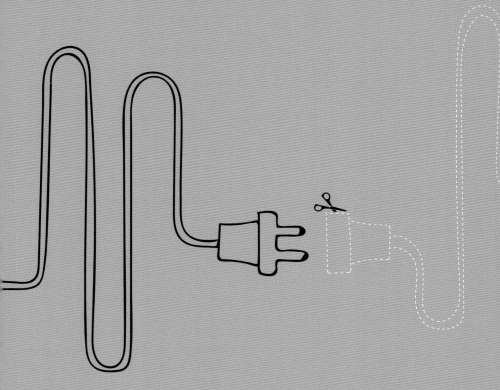

Reichtum und Schnelligkeit ist, was die
Welt bewundert und wonach jeder strebt,
Eisenbahnen, Schnellposten, Dampfschiffe und
alle mögliche Fazilitäten der Kommunikation
sind es, worauf die gebildete Welt ausgeht,
sich zu überbieten, zu überbilden und dadurch
in der Mittelmäßigkeit zu verharren.

Johann Wolfgang von Goethe

Ausprobieren: Ein Tag ohne Strom und Energie

An einem Tag ohne Strom aus Steckdosen, Akkus, Motoren oder Batterien stellen sich viele Fragen: Wer weckt mich, wenn nicht mein batteriebetriebener Wecker? Wo wasche ich mich, wenn nicht mit warmem Wasser aus dem Boiler? Wie komme ich zur Arbeit oder zu Freunden? Was esse ich, wenn ich ohne Herd nicht kochen kann? Sich diesen Fragen zu stellen, die Antworten am eigenen Leib zu erleben und Meinungen und Gedanken für den – dann wieder energiebetriebenen – Alltag zu sammeln, sind Sinn und Abenteuer eines solchen stromlosen Tages.

Weglassen: Geburtstagsgeschenke

Zu schenken oder beschenkt zu werden, noch dazu mit ganz persönlichen, womöglich handgemachten Stücken, kann die Freude am Fest vermehren. Oft wechseln zum Geburtstag aber dann doch nur ideenlos Weinflaschen, Pralinenschachteln und Gutscheine die Besitzer. Und das ist eigentlich für die Kostbarkeit des Schenkens viel zu schade. Es würde für viel mehr Freude sorgen, sich ein Projekt auszusuchen, das man zusammen mit den Gästen beschenkt:

▶ **Lade deine Gäste ein**, statt Geschenke für dich lieber Spielzeug oder Drogerieartikel mitzubringen. Besorge dir vom Schuhhändler ausreichend Kartons und packt gemeinsam für „Weihnachten im Schuhkarton".

▶ **Frage nach**, was auf der Kinderkrankenstation, im Flüchtlingswohnheim oder im Hospiz gebraucht wird, und schreibe es auf deinen Wunschzettel.

▶ Wenn in deiner Gegend eine unschöne Brachfläche oder Verkehrsinsel liegt, wünsche dir Gartenpflanzen, Blumenzwiebeln oder Samen und **verschönere dein Viertel**. Du musst nicht, kannst aber auch gleich mit deinen Gästen losziehen (ausreichend Schaufeln und Gartenhandschuhe besorgen!).

▶ Oder **stelle zur Party ein Sparschwein auf**, lege Flyer von deinem Lieblingsprojekt aus und freue dich, wenn du nach deinem Geburtstag ein hübsches Sümmchen überweisen darfst.

Wir kommen her und gehen hin, und mit uns geht die Zeit, und je weniger wir haben, je weniger wir brauchen, desto langsamer verstreicht sie.

Hans-Joachim Neubauer

Weglassen: Multi-Tasking

Natürlich kann man gleichzeitig Nachrichten hören, E-Mails checken und dabei gedankenlos an einer Tiefkühlpizza kauen, während nebenbei der stumm geschaltete Fernseher läuft. Muss man aber nicht. Viel schöner ist es, sich Zeit zu nehmen und alles hübsch achtsam nacheinander zu erledigen – vielleicht etwas Leckeres zu kochen, in Ruhe zu essen und erst anschließend zu erledigen, was wirklich erledigt werden muss.

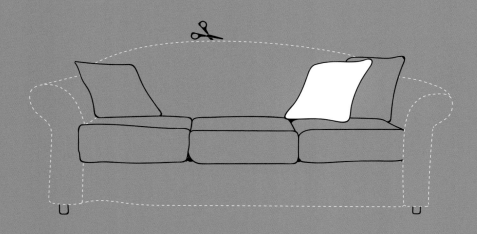

Abends ging ich hinaus in die Dunkelheit, da sah ich einen schimmernden Stern und hörte einen Frosch quaken. Die Natur schien zu sagen: Nun? Ist das nicht genug?

Ralph Waldo Emerson

Weglassen: Dauersofa

Ich bin von Herzen dankbar, ein Dach über dem Kopf, eine Heizung und ein gemütliches Sofa zu haben. Aber ich will auch nicht vergessen, dass es nicht alles ist, was die Erde zu bieten hat. ==Immerhin war das Paradies ein Garten und keine Wohnzimmerlandschaft.== Und in einer Umfrage zur Urlaubszeit genossen die allermeisten Befragten in ihren Ferien die Natur – weit vor dem guten Essen oder der handyfreien Zeit. Und darum will ich unbedingt daran denken, vor die Tür zu gehen und im Alltag und in den Ferien barfuß über Wiesen zu schlendern, regenfeuchte Luft einzuatmen, Goldfische im Tümpel zu beobachten, mir von Sonnenstrahlen an der Nase kitzeln zu lassen und Sternschnuppen am Nachthimmel zu suchen!

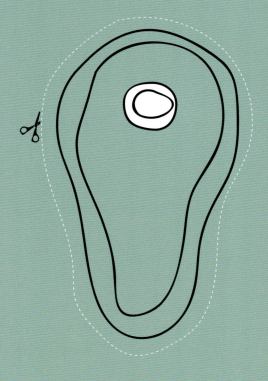

Wie viele unter uns gibt es schon jetzt, die niemals
Fleisch äßen, wenn sie selbst das Messer in die
Kehle der betreffenden Tiere stoßen müssten.

Bertha von Suttner

Weglassen: Fleisch

Es gibt viele Gründe, auf Schnitzel und Schinken auch mal zu verzichten. Mehr Obst und Gemüse auf dem Speiseplan ist nicht nur gesünder für uns und hat weniger Kalorien, sondern schont auch den Regenwald, der für Tierfutter abgeholzt wird, und erspart Tieren die Massentierhaltung, wenn wir nicht grad bio kaufen. Kleiner Tipp: nicht das Fleisch weglassen und alles einfach mit Käse überbacken. Lieber ein vegetarisches Kochbuch kaufen und entdecken, wie vielfältig Gerichte aus Gemüse und Obst, Getreide, Pilzen und Nüssen sein können.

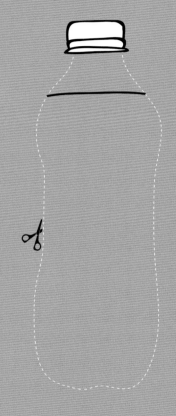

Es gibt viele Wege, sich zu bereichern.
Einer der besten ist die Sparsamkeit.
Francis Bacon

Weglassen: Gekaufte Durstlöscher

Sehen wir der Realität ins Auge: Der gesündeste Durstlöscher ist Wasser! Und hierzulande ist das sogar unser Leitungswasser, weil es laut Trinkwasserverordnung durch regelmäßige Kontrollen der Inhaltsstoffe noch stärker unter Beobachtung steht als jeder Mineralbrunnen. Im Gegensatz zu Wasser aus Plastikflaschen besteht auch keine Gefahr, dass hormonell wirksame Stoffe aus dem Kunststoff ins Wasser übergehen – und das Müllproblem entfällt genauso wie der Energieverbrauch beim Transport der Flaschen und Kästen. Auch kalkhaltiges Wasser aus dem Hahn mag zwar Wasserkocher und andere Geräte belasten, ist aber als Getränk völlig unbedenklich. Wie praktisch, dass ausgerechnet Leitungswasser auch noch besonders günstig ist. In einer schönen Kanne oder Karaffe mit Limettenscheiben oder Eiswürfeln hat sogar das Auge was davon. Es stehen weder Getränkekisten noch Tetrapacks herum – und wer von Wasser lebt, weiß das gelegentliche Glas Wein bei Freunden, die Schorle in der Kneipe oder Cola und Bier zum Grillen ganz besonders zu schätzen und zu würdigen.

Wenn die Zeit kommt, in der man könnte, ist die vorüber, in der man kann.

Marie von Ebner-Eschenbach

Weglassen: Nostalgiekram

Brauchen wir wirklich noch unsere Mathebücher aus der siebten Klasse, die auf dem Dachboden stehen oder die 700 Dias vom Italienurlaub vor 13 Jahren? Vielleicht reicht statt manchem verstaubten Schätzchen auch das stille Andenken an die schönen Momente – oder das eine besonders gelungene Urlaubsfoto, das alle Erinnerungen wieder weckt. Dann ist auch Platz für den Weltmeister-Pokal, den ich noch meinen Urenkeln vererben will.

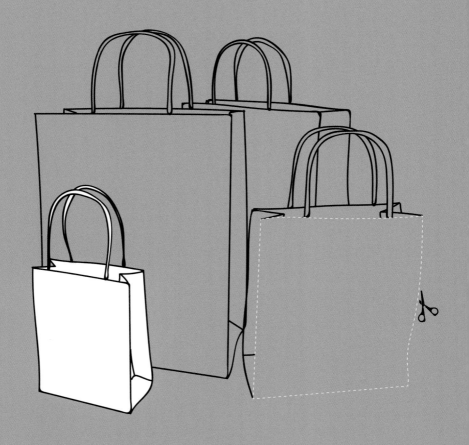

Weglassen: Spontankäufe

Die Unterwasserkamera oder die Trekkingschuhe für den nächsten Urlaub, Donut-Eisen und Zehnerpack Kleiderbügel, die man immer mal gebrauchen könnte – manchmal überfällt uns ein Kaufimpuls, und bevor wir uns wehren können, stehen wir schon an der Kasse. Nur um später festzustellen, dass wir auch ohne Unterwasserkamera und selbstgebackene Donuts sehr gut zurechtgekommen wären, dafür aber weniger bezahlt hätten und seltener abstauben müssten. Wenn wir überlegen, etwas zu kaufen, das wir nicht dringend zum Überleben brauchen, kann es häufig eine Hilfe sein, einige Nächte darüber zu schlafen. Wenn der Wunsch bestehen bleibt, ist das ein gutes Zeichen, dass man noch länger daran Freude haben wird.

Gegen die spontanen Kaufimpulse hilft auch, sich für Qualität statt Quantität zu entscheiden. Wer grundsätzlich lieber hochwertige Kleidungsstücke statt billiger Trendteile kauft, hat schon entschieden, dass nicht mal eben ein günstiges Stück über den Ladentisch wandert. Vieles braucht man ohnehin nicht selbst zu besitzen: Wer auch mit Bus und Bahn zur Arbeit gelangt, kann sich über Car-Sharing das Auto für den Großeinkauf leihen – und Rasenmäher, Akku-Schrauber oder Waffeleisen besitzen und verleihen vielleicht auch Freunde oder Nachbarn.

Bei Lebensmitteln hilft ein Wochenplan: Sieben Gerichte überlegen (oder vier und dreimal Reste essen ...) und die nötigen Zutaten aufschreiben, zusammen mit den Lebensmitteln für die anderen Mahlzeiten. Und dann nur diese einkaufen.

Weglassen: Alleingänge

Statt uns als Einzelkämpfer durchzuschlagen, könnten wir uns eigentlich viel häufiger zusammentun und gemeinsam oder füreinander erledigen, was wir alle auf dem Plan haben. Und schon sind Zeit, Aufwand und Ressourcen gespart.

▶ Fahren: Man muss gar nicht genau denselben Fahrtweg haben, um sich gegenseitig zur Arbeit oder die Kinder mit in die Kita zu nehmen. Oft kann man den anderen auch auf halbem Weg einsammeln – und umgekehrt das Auto stehenlassen.

▶ Kochen: Egal, ob zu Hause oder im Büro – essen muss jeder. Wenn sich fünf Kollegen zusammentun, ist die Arbeitswoche abgedeckt und jeder kocht nur einmal. Der große Kochtopf oder die Salatschüssel und Dressingkanne werden einfach mitgebracht und in die Mitte gestellt. Klappt auch bei Müttern und Vätern zu Hause, die gemeinsam kochen oder sich abwechselnd Essen vorbeibringen. Noch schöner sind gemeinsame Kochpartys am Abend, bei denen man miteinander schnippelt und brutzelt und genießt ...

▶ Kinder hüten: Wenn die Papas aus zwei Familien ihren Roman jeweils auch mal auf dem Sofa der anderen lesen und so ihr Ohr dem schlafenden Nachwuchs leihen, können beide Paare ohne Kosten für den Babysitter endlich wieder regelmäßig ausgehen.

Wer ein Ziel hat, nimmt auch schlechte Straßen in Kauf.

Kyrilla Spiecker

Weglassen: Aufschieben

Eine Regel von Produktivitätstrainer David Allen („Getting Things Done") lautet: Was du in zwei Minuten erledigen kannst, das erledige sofort. Wenn die Rechnung auf den Schreibtisch flattert, dauert es nur wenige Momente, das Geld online zu überweisen oder den Überweisungsträger auszufüllen. Wenn das Frühstücksmüsli gelöffelt ist, kann man die Schale genauso gut sofort abwaschen, statt sie für irgendwann später stehenzulassen. Wenn die E-Mail nur eine kurze Info erfordert, kann ich sie auch sofort beantworten und brauche mich nie wieder damit zu beschäftigen. Der Vorteil: Das Thema ist aus dem Kopf und das Leben gleich aufgeräumter.

Halte dir jeden Tag dreißig Minuten für deine Sorgen frei, und in dieser Zeit mache ein Nickerchen.

Abraham Lincoln

Weglassen: Jammern

Im Sommer gibt's zu viele Wespen. Im Winter zu viele Bahnausfälle. Politiker kümmern sich nicht richtig. Autofahrer rasen zu schnell oder schleichen zu langsam und wann räumt eigentlich mal jemand den Müll aus der Böschung? Das waren nur fünf Gründe zum Jammern. Und vom Wetter haben wir noch gar nicht angefangen.

Nachdem kürzlich ein Bekannter verstorben war, hat mich beeindruckt, dass Leute sagten: „Nach einem Gespräch mit ihm war ich immer ermutigt und inspiriert." Ich hoffe, sie haben es ihm auch zu Lebzeiten gesagt. Und wie schön wäre es, wenn Leute das von mir sagen könnten. Viel lieber möchte ich danken statt jammern – und ermuntern statt klagen. Lieber das Gute sehen, als das Schlechte vermuten. ==Denn Jammern macht miese Laune, zieht runter, verbreitet schlechte Stimmung – verändert aber nichts.==

Es ist besser, gelegentlich betrogen zu werden, als niemandem mehr zu vertrauen.

Astrid Lindgren

Weglassen: Negative Annahmen

Man kann getrost davon ausgehen, dass sich die lieben Mitmenschen in Bus und Bahn, auf der Arbeit, der Straße oder im Bekanntenkreis weitaus weniger Gedanken um uns machen, als wir manchmal meinen. Die sind nämlich schon genug mit sich selbst beschäftigt. Genau wie wir. Deshalb macht es gar keinen Sinn, ständig davon auszugehen, dass irgendjemand wegen uns gegrinst, uns böse angestarrt oder skeptisch beäugt hat. Wahrscheinlicher ist, dass er gerade an seinen kranken Wellensittich denkt oder sich noch über den Witz in der Mittagspause amüsiert. Und falls uns doch mal jemand kritisch anguckt, muss das ja nicht einmal unser Problem sein. Für seinen Blick ist jeder selbst verantwortlich. Das Leben jedenfalls ist sehr viel einfacher, wenn wir offen und unvorbelastet mit Menschen umgehen.

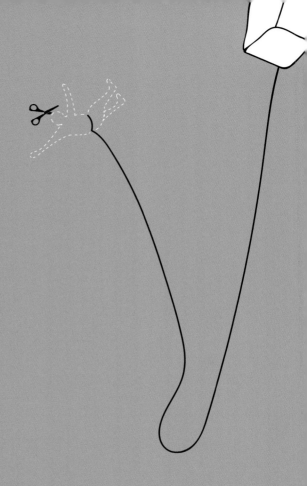

Dinge sind dafür da, benutzt zu werden, damit wir das Leben gewinnen. Wir tun aber manchmal so, als sollten wir das Leben benutzen, um die Dinge zu gewinnen.

Unbekannt

Weglassen: Sich und anderen etwas beweisen müssen

Es vereinfacht das Leben auf ganz verschiedenen Ebenen, wenn man weder sich noch anderen etwas beweisen muss. Wer die tiefe Gewissheit in sich trägt, richtig zu sein auf dieser Welt, einen Wert und Würde zu haben, lebt befreiter. Der muss nicht erbittert um sein Recht kämpfen, muss sich nicht in den Burnout arbeiten, muss nicht in riskanten Sportarten oder Börsenspekulationen bis an alle Grenzen gehen, muss nicht das perfekte Haus besitzen. Wer im Reinen ist mit sich, kann gelassener leben, den Moment genießen und sich auf andere einlassen.

Mensch, was du liebst, in das wirst du verwandelt werden.

Angelus Silesius

Weglassen:
Ungesunde Beziehungen

Vorab gesagt: Wenn wir in unserem Leben auf bestimmte Beziehungen verzichten, geht es nicht darum, Ehen und Freundschaften allzu leichtfertig aufzugeben, statt auch mal mit Schweiß und Tränen darum zu kämpfen und am Ende des Tunnels mit Vergebung und neuer Nähe gestärkt aus der Krise hervorzugehen.

Aber es gibt Menschen, die uns runterziehen, die uns letzten Endes schaden, ohne dass wir dem ausreichend etwas entgegenzusetzen hätten: die tratschende Nachbarin, deren üblem Gerede wir uns nicht entziehen können, der alkoholabhängige Vater, der uns nicht loslässt, die gute Bekannte, die uns manipuliert und uns gegen unsere Werte beeinflussen will.

Schließlich färben Menschen ab. Das gilt zum Glück auch im ganz positiven Sinne: ==Wer mit humorvollen Menschen zusammen ist, wird humorvoller werden.== Wer ein liebevolles Elternteil werden will, sollte sich mit anderen liebevollen Eltern umgeben. Wer befreit glauben möchte, sollte Glaubende finden, die schon so leben. Es tut immer gut, Zeit mit Menschen zu verbringen, die das Beste in uns hervorbringen und denen wir ähnlicher werden wollen.

Der ist kein Dummkopf, der abgibt, was er nicht behalten kann, um zu erhalten, was er nicht verlieren kann.

Jim Elliot

Weglassen: Erwartungen an andere

Wie andere reagieren, was sie tun und sagen, darauf haben wir keinen Einfluss. Das bleibt in ihrer Verantwortung. Wir sind unseren eigenen Taten, unserem Handeln und Unterlassen verpflichtet. Das heißt: Was ich für andere tue, was ich gebe und schenke, geschieht aus meinem eigenen Antrieb. Weil es mich glücklich macht, weil ich es gern tue und es mir entspricht oder weil ich es wichtig und richtig finde – ganz unabhängig davon, wie der oder die andere es aufnimmt. ==Es geht beim Geben nicht um Dank und Anerkennung, sondern um Beziehungen==, um den Ausdruck der eigenen Persönlichkeit und Kreativität, um das menschliche Bedürfnis, sich zu verschenken und zu teilen.

Es geht nicht darum, Dinge zu haben, mit denen man
das Leben genießen kann, sondern darum, das Leben
mit den Menschen zu genießen, die man hat.

Unbekannt

Ausprobieren: Selbermachen

Mit den eigenen Händen etwas herzustellen, macht zufriedener als der Griff zur Kreditkarte. Wir sind als schöpferische Ebenbilder von Gott geschaffen, deshalb entspricht es unserem Wesen zu gestalten. Und weil wir völlig unterschiedlich geschaffen sind, werden sich auch unsere Werke total unterscheiden: vom gezimmerten Hochbett bis zum Vier-Gänge-Menü für Freunde, von der Upcycling-Tasche bis zum Scrapbook, vom selbst gerösteten Kaffee über den Holundergelee bis zum einstudierten Saxophonstück – die Ideen zum Selbergestalten sind so zahllos wie die Materialien dafür: Musik, Holz, Papier, Speisen, Ton, Farben, Müll, Stoffe ... ==Wenn wir uns im Weglassen üben, setzen wir Zeit und Kraft und Geld und Ideen frei==, die in Schönes und Nützliches für uns selbst und für andere fließen können.

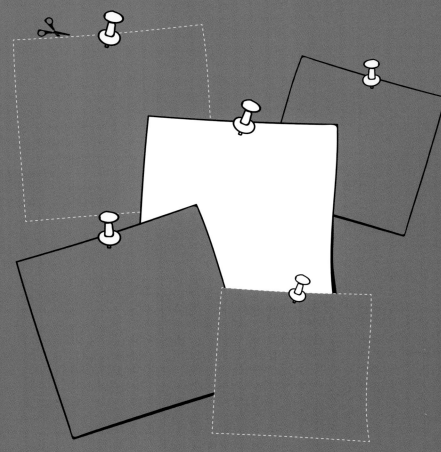

»Nein.« ist ein vollständiger Satz.

Anne Lamott

Weglassen: Verzetteln

Hier eine Verpflichtung, dort ein Hobby, Bekannten helfen, Aufgaben in der Kirche übernehmen, Sport treiben und nebenbei ein Haus bauen. Wer das alles unter einen Hut bekommt und dabei glücklich sein Leben meistert, ist sehr zu beneiden. Wer dagegen merkt, dass zu oft Dinge unter den Tisch fallen, die ihm eigentlich auch wichtig wären oder dass er nie Zeit hat, mal Luft zu holen und auf sein Herz zu hören, muss vielleicht lernen, einmal Nein zu sagen und den Kalender ausmisten. ==Menschen, die für sich selbst sorgen und sich auf das Wesentliche konzentrieren können, sind auf Dauer eine größere Hilfe für andere== und die Welt als solche, die sich verzetteln und ausbrennen.

Wer sich die
Fähigkeit
zum Staunen
erhält,
wird nie alt
werden.

Unbekannt

Weglassen: Das Übliche

Man könnte auch ganz anders leben. So, wie es immer läuft bei uns zu Hause und bei der Arbeit, mag es ja ganz praktisch sein, aber auf Dauer auch sehr berechenbar. Oder sogar langweilig? Wer Neues ausprobiert, bleibt wach, wer einfach mal was anders macht, bewahrt sich seine Lebendigkeit. Mal anders kleiden, die Wohnung umräumen, zum Frühstück Spaghetti essen, auf Inlinern ins Büro fahren, vor Sonnenaufgang in eine Kirche setzen – von dem abweichen, was normal ist, kann jeder, und jeder anders. Niemand schreibt uns vor, dass wir uns mit dem immer gleichen Einerlei begnügen müssen, sondern wir dürfen durchaus neugierig bleiben und anfangen zu staunen. Und wer etwas wagt, für das er sich überwinden muss, wird mit dem unbezahlbaren Gefühl belohnt, seine Angst besiegt zu haben. Und vielleicht wird nach einem solchen Experiment ja auch im Alltag manches anders – oder vielleicht wächst eine neue Dankbarkeit für alles, was zu Hause bestens läuft.

Weglassen: Reizüberflutung

Manchmal finde ich es verrückt, wie schnell jemand nachfragt, ob ich seine E-Mail, SMS, WhatsApp- oder Threema-Nachricht bekommen habe. Wirklich? Da wird jemand nervös, weil ich eine halbe Stunde nicht auf mein Handy geschaut und noch nicht geantwortet habe? Ehrlich gesagt schlummert es sogar immer mal zwei oder drei Tage in meiner Tasche. (Meine leidgeprüften Freunde wissen das und suchen sich andere Wege der Verständigung ...)

So praktisch der Mailverkehr ist, die Geschwindigkeit unserer Kommunikation ist verflixt hoch geworden. Früher konnte man zwei Tage Verspätung noch getrost auf die Post schieben, die den Brief nicht schneller beförderte, heute gehen dienstliche Mails in meiner Inbox manchmal im Minutentakt hin und her. Die Neuigkeiten, Anfragen und Infos erreichen uns heute auf tausenderlei Kanälen: über die sozialen Medien, das Fernsehen, SMS, Zeitung, Autoradio, Smartphone, Ticker, Banner, Newsletter. Enorm hilfreich, um vieles schnell zu regeln. Problematisch aber, wenn sich überall und insgesamt die Frequenz nur erhöht. Wie lässt sich das Tempo wieder drosseln?

Es hilft nichts, wir müssen gelegentlich den Stecker ziehen. Den unserer Geräte – und vor allem unseren eigenen. Uns rausziehen aus allem, was unsere Beteiligung, unsere Reaktion oder auch nur unsere Aufmerksamkeit fordert. Drei Minuten still werden und Atemübungen machen. Uns zehn Minuten zurückziehen, um Gedanken zu sortieren, zu beten, uns zu sammeln. Eine halbe Stunde durch den Park joggen und die Gedanken durchpusten lassen. Ein Wochenende ins Kloster fahren und zur Ruhe kommen. Was immer hilft, um unserer Seele zu erlauben, eine Weile ohne prasselnde Anforderungen auf der faulen Haut zu liegen.

An jedem neuen Tag darf ich hoffen, dass ich mich verändern kann.

Gordon MacDonald

Weglassen: Menschenfurcht

Wir Menschen sind Herdentiere. Die meisten von uns fallen ungern aus der Masse und tun am liebsten irgendwie das, was alle tun. Nur hat die Mehrheit nicht immer recht. Unser Bauchgefühl sagt uns manchmal, dass wir gar nicht denken, was alle denken. Aber dann trauen wir uns nicht, dem nachzugehen. Höchste Zeit, uns eine eigene Meinung zu bilden. Und sie gut gelaunt (und mit der Möglichkeit im Kopf, dass wir durchaus falschliegen könnten) zur Diskussion zu stellen. Das ist gar nicht so einfach in einer Zeit, in der sich Shitstorms rasant zusammenbrauen und die Toleranz plötzlich nicht mehr für Menschen gilt, die nicht dieselbe Agenda teilen. Aber nur, wenn wir in Freundeskreisen, Kirchen und der Gesellschaft persönliche und unterschiedliche Sichtweisen austauschen, werden wir am Ende auch zu guten Einsichten kommen.

Weglassen: Idealbilder

Ich hätte gern trainierte Oberarme wie Michelle Obama, würde zu gerne jede Menge Preise für meine Arbeit einheimsen, hätte am liebsten immer eine blitzsaubere Küche und wäre nebenbei gern die blendend aussehende Mama, die ihren Kindern alles geduldig erklärt und sie nie fernsehen lässt. Aber ich scheitere schon an der sauberen Küche – und der Rest besteht leider auch nur aus Idealbildern. Innere Vorstellungen, an die ich nie heranreiche. Bilder aus der Kindheit, aus Filmen oder Zeitschriften, von denen ich irgendwie vage glaube, ich müsste ihnen entsprechen, um glücklich zu sein.

Idealbilder schleppen wir alle mit uns rum. Aber mein Tag hat nur 24 Stunden, in denen möchte ich gut und erfolgreich arbeiten, meine Kinder erleben, halbwegs gesund kochen, mein Haus in Ordnung halten, mich mit meinem Mann unterhalten, mich sozial engagieren, Freundinnen treffen und Sport machen. Mehr geht nicht.

==Manche Idealbilder gehören aussortiert.== Haustiere, gebügelte T-Shirts und gemachte Betten zum Beispiel. Ich schaffe es auch nicht, jeden Tag zu saugen (obwohl das eigentlich angesagt wäre, weil unsere Kinder im Waldkindergarten sind und ich mich manchmal frage, ob überhaupt noch Stöcke, Blätter und Erde im Wald sind, so viel, wie sie anschleppen). Aber dieses Ideal kann ich leider nicht erfüllen. Jedes Ideal, das ich leben will, braucht Zeit und Energie, die ich an anderer Stelle nicht habe. Und wer redet uns Idealbilder überhaupt ein? Idealbilder heißen Idealbilder, weil es sie nur in einer idealen Welt gibt – und in der lebe ich nicht. Deshalb sollten wir kein ideales, sondern ein reales Leben führen und Idealbilder nicht unserer Zufriedenheit im Weg rumstehen lassen.

Gelassenheit ist eine anmutige Form des Selbstbewusstseins.

Marie von Ebner-Eschenbach

Weglassen: Zukunftsängste

Der einzige Moment, an dem wir etwas ändern können, ist der gegenwärtige. Nur über das Jetzt können wir verfügen. Die Vergangenheit haben wir hinter uns gelassen und können sie nicht mehr verändern – und was die Zukunft bringt, wissen wir noch nicht. Deshalb lohnt es sich, alle Grübeleien über Gestern und Morgen abzulegen und gelassen und tatenreich das Heute anzupacken. Entdecken und genießen wir das Gute heute, vergeben wir unseren Schuldigern für gestern, verwirklichen wir unsere Träume und Ideen für morgen.

So ähnlich hat das übrigens auch Jesus schon gesagt: „Sorgt euch nicht über das Morgen. Denn das Morgen hat seine eigenen Sorgen." Und umgekehrt: Schlechte Laune wegen gestern ist so sinnlos wie der Ärger übers Wetter.

Eine gute Übung gegen Sorgen aller Art: auf den Schreibtisch oder Küchentresen eine „Sorgendose" stellen und alle Grübeleien, die mich überfallen, aufschreiben und hineinwerfen. Wer will, überlässt sie Gott bewusst mit einem kleinen Gebet: „Ich gebe dir diese Sorge, da ist sie in guten Händen."

»Alles hat seine Zeit, alles auf dieser Welt hat seine ihm gesetzte Frist: Geboren werden hat seine Zeit wie auch das Sterben. Pflanzen hat seine Zeit wie auch das Ausreißen des Gepflanzten. Suchen hat seine Zeit wie auch das Verlieren. Behalten hat seine Zeit wie auch das Wegwerfen. Zerreißen hat seine Zeit wie auch das Flicken. Schweigen hat seine Zeit wie auch das Reden.«

Die Bibel

Ausprobieren: Jetztzeit

Wenn wir uns von Besitz trennen wollen, hindern uns mitunter ganz unterschiedliche Gedanken. Das können nostalgische Erinnerungen sein, die mit den einzelnen Stücken verbunden sind, oder auch die Vorstellung, wir könnten etwas in Zukunft noch einmal dringend brauchen oder würden bereuen, dass wir uns von etwas getrennt haben. Überlegungen zur Vergangenheit wie auch zur Zukunft spielen oft eine große Rolle beim Ausmisten. Dazu gehört auch das Wissen, für etwas Geld ausgegeben zu haben, das wir stattdessen für etwas anderes hätten ausgeben können oder die Befürchtung, später einmal nicht genug Geld zu haben, uns etwas neu zu kaufen.

Leben können wir aber weder gestern noch morgen, sondern nur heute. Deshalb ist es meist sinnvoll, sich beim Aussortieren auf die Gedanken zu konzentrieren, die sich auf die Gegenwart beziehen. Ausnahmen gibt es: Unterlagen zur Altersvorsorge sollte man aufheben, obwohl sie die Zukunft betreffen. Aber befreiter leben lässt es sich, wenn man sich von rückwärtsgerichteten Sentimentalitäten oder Sorgen um die Zukunft löst und sich fragt, ob man eine Sache jetzt und hier braucht oder besitzen möchte.

An sich ist Müßiggang durchaus nicht
eine Wurzel allen Übels, sondern im
Gegenteil ein geradezu göttliches Leben,
solange man sich nicht langweilt.

Søren Kierkegaard

Weglassen: Hektik

So sehr uns gute Herausforderungen auch zu Höchstleistungen anspornen können, so sehr kann uns das Gefühl, nicht mehr allem gewachsen zu sein, die Luft zum Atmen nehmen. Manchmal ist gerade einfach alles zu viel, wir haben das Gefühl, nur noch gestresst durch den Alltag zu hetzen und nicht mehr nachzukommen mit unseren Aufgaben. Es kann hilfreich sein, sich erst einmal darüber klarzuwerden, wie es um den eigenen Stresslevel steht: Wie hektisch fühlt sich mein Leben gerade an – auf einer Skala von 1 bis 10? Überrascht mich diese Zahl? In welcher Situation habe ich zuletzt einen niedrigeren Wert erlebt? Was würde mir helfen, um den Wert zu senken? Welche Ruhepausen kann ich mir im Alltag schaffen, um diese Frage weiter zu bewegen?

Eine gute Übung, um das eigene Tempo runterzufahren, sind übrigens Spaziergänge. Gegenüber der Geschwindigkeit, mit der wir sonst durchs Leben rasen, ist ein Spaziergang lächerlich langsam – deshalb kann es sein, dass uns diese scheinbar so simple Übung gar nicht so leichtfällt. Aber schon zehn Minuten Schritttempo an der frischen Luft können helfen abzuschalten, innere Ruhe zu finden, auf neue Gedanken zu kommen. Durch den Wald zu laufen, kann nachweislich unseren Puls senken und unser Wohlbefinden steigern. Und die Runde zu Fuß ist auch eine gute Gelegenheit, um vor Gott kurz innezuhalten, nach dem Weg zu fragen, ihm Hektik und Fragen hinzulegen.

Je mehr Sachen wir haben, desto mehr Knüppel brauchen wir, um sie zu verteidigen.

Franz von Assisi

Weglassen: Neid

Neid ist vielleicht gar nicht immer schlimm. Manchmal mag er uns sogar anspornen, etwas zu erreichen, was ich bei jemand anderem beobachte. Dann beginne ich möglicherweise selbst zu joggen, wenn ich mir die sportliche Figur des anderen wünsche, oder erkundige mich nach Fortbildungen, wenn ich anderen ihre beruflichen Erfolge neide. Damit wären die Neidgefühle in fruchtbare Bahnen gelenkt. Um das zu erreichen, hilft die Frage, wonach ich mich sehne und was ich mir wünsche, wenn ich neidvolle Gedanken in mir spüre, und dem dann nachzugehen.

Nicht immer wird der Neid allerdings zum positiven Antrieb. Genauso kann er Beziehungen gefährden, Hass säen und dazu führen, dass ich dem anderen Böses an den Hals wünsche oder mich schadenfroh zeige. Missgunst ist die zerstörerische Form von Neid, die häufig aus einem schwachen Selbstwertgefühl entsteht. Wer sich geliebt und wertgeschätzt fühlt, kann auch anderen etwas gönnen, das er selbst nicht hat.

Es geht aber nicht darum, die eigenen Neidgefühle zu leugnen, sondern sie ehrlich wahrzunehmen und sie bewusst aus den negativen Bahnen herauszuholen. Denn innere Größe zeigt, wer dem Neid absagt und die feste Entscheidung trifft, anderen ihre Erfolge zu wünschen.

Wenn du mehr hast, als du brauchst, kaufe dir einen längeren Esstisch statt einen höheren Zaun.

Unbekannt

Weglassen: Geiz

Von nichts kommt nichts, sagte kürzlich erst wieder eine Freundin, als sie von wohlhabenden Kunden sprach, die stündlich rausspringen, um ein neues Parkticket für ihren Mercedes zu ziehen, statt die paar Euro mehr für die Parkgarage um die Ecke zu zahlen. Sparsamkeit mag eine Tugend sein. Knauserigkeit gegenüber anderen Menschen ist ganz sicher keine. Verschenken macht glücklich – und dass geben segensreicher ist als nehmen, hat schon Jesus gelehrt. ==Großzügigkeit ist eine so strahlende und schöne Charaktereigenschaft, dass wir sie uns und der Welt nicht entgehen lassen sollten.== Und sie müsste uns sogar im Blut liegen, schließlich hat Gott uns nach seinem Vorbild geschaffen – und er selbst seine Großzügigkeit nicht nur in der Schöpfung verschwenderisch bewiesen.

Wer Grund zur Dankbarkeit hat, soll Gott Loblieder singen.

Die Bibel

Ausprobieren: Ein Genusstag

Einfach zu leben, bedeutet auch, die schlichten Genüsse schätzen zu lernen. Nimm dir vor, einen Tag lang bewusst die schönen Momente zu genießen. Koche lecker. Iss langsam. Lasse Düfte und Aromen auf dich wirken. Gehe spazieren. Freue dich darüber, dass deine Beine dich tragen. Atme tief ein. Lass locker. Spüre die Waldluft. Setze dich auf eine Parkbank. Triff dich zum Picknick mit Freunden. Singe laut und tanze auf dem Tisch. Geh bei Mondschein schwimmen. Was immer du genießen kannst, genieße es.

Weglassen: Pessimismus

Niemand braucht mit rosaroter Brille durch die Welt zu laufen. Natürlich ist nicht alles super, was uns begegnet. Aber ständig schwarz zu sehen und in allem den Untergang zu wittern, hat noch selten zu etwas Gutem geführt. Lieber Ärmel hochkrempeln, anpacken, nie den Optimismus verlieren und selbst Teil der Lösung werden.

Jeder hat das Recht sich zu bedauern, sich wie der ärmste Mensch auf Erden zu fühlen und in betrübten Gedanken endlos um sich selbst zu kreisen. Nur glücklich macht die Opferrolle eben nicht. Dabei geht es hier nicht um das gesunde und notwendige Trauern nach Todesfällen oder Schicksalsschlägen, und es geht auch nicht um die Tage, in denen wir uns mal kurz berappeln und besinnen müssen, sondern um die Zeiten, in denen wir uns mehr und mehr einreden, wir seien Pechvögel, Opfer unserer Umstände und Vergangenheit und könnten selbst nichts ändern an unserem Dasein.

Leute, die ständig meckern und sich beschweren, verschwenden nur ihre eigene und unsere Zeit. Jeder findet Menschen sympathischer, die sich ihren Humor bewahren, das Gute sehen und mit einer positiven Einstellung Hindernisse überwinden.

Helfen kann es, sich anderen anzuvertrauen und sich von ihren Perspektiven inspirieren zu lassen oder von der Einsicht getröstet zu werden, dass auch andere ihr Päckchen zu tragen haben. Auch ein bewusster Perspektivwechsel kann aufmuntern: Was läuft eigentlich gut in meinem Leben? Wofür kann ich dankbar sein? Oder auch genau umgekehrt: das eigene Leid in so drastischen Worten laut formulieren und gen Himmel wettern, dass die Luft raus ist – und die Verhältnismäßigkeit wieder hergestellt.

Wie wenig irdischen Besitz man auch hat, der Mensch soll doch nicht mit seinem Herzen an ihm hängen.

Mechthild von Magdeburg

Weglassen: Angst zu scheitern

Schon mancher hat seine Bewerbung gar nicht erst abgeschickt aus Angst, eine Absage zu erhalten. Schöne Frauen wurden nicht angesprochen, Wettbewerbe und Studiengänge nicht angetreten, weil die Möglichkeit zu scheitern größer schien. Aber wieso sollte uns etwas abhalten, das vielleicht gar nicht eintritt? Welchen Sinn macht die Angst vor der Niederlage, wenn doch die Chance besteht zu siegen?

Manche sagen, Scheitern gebe es ohnehin nicht. Weil sich immer etwas lernen lässt, um in Zukunft erfolgreich zu sein. Scheitern ist dann nur die eigene Interpretation von einem Ereignis, das so oder anders hätte ausgehen können. Nichts zwingt mich, mich als Versager zu fühlen. Rückschläge gehören zum Leben. Na und? Hauptsache, man macht was.

Reinheit und Einfachheit sind die beiden Flügel, mit denen der Mensch über allen irdischen Dingen aufsteigt.

Thomas von Kempen

Weglassen: Perfektionismus

Wenn du Pilot, Hirnchirurgin oder Steuerbeamter bist, dann bewahre dir bitte, bitte bei der Arbeit jeden Funken Perfektionismus, den du aufbringen kannst. In sehr vielen anderen Situationen täte uns eine gesunde Portion Gelassenheit ganz gut. Denn alles immer mit dem Anspruch der Vollkommenheit zu betreiben, kostet viel Zeit, Kraft und Nerven, die womöglich an anderer Stelle fehlen. Schlimmstenfalls lassen wir uns durch unsere hohen Ansprüche ganz davon abhalten, etwas anzugehen. Sparen wir uns den Perfektionismus für die wenigen Dinge auf, die uns wirklich wichtig sind und am Herzen liegen. Für alles andere ist gut fast immer gut genug.

Denk an deinen Schöpfer, solange du jung bist. Warte damit nicht, bis du alt bist, die Tage für dich beschwerlich werden.

Die Bibel

Ausprobieren: Ein Stilletag

Wie viel Stille jeder verträgt, ist ganz unterschiedlich. Mancher bekommt schon beim Gedanken an eine stille Viertelstunde Schnappatmung, andere können sich nichts Schöneres vorstellen als eine Woche in Einsamkeit zu verbringen. ==Gut für die Seele ist es allemal, sich gelegentlich der Reizüberflutung zu entziehen.== Ohne Geräusche und Ablenkung zu sein. Sich zu sammeln und inspirieren zu lassen. Zu sich selbst und zu Gott zu kommen. Fragen zu wagen und sich auf die Sprünge helfen zu lassen. Orte dafür gibt es viele: den Strand, das Gartenhäuschen, die Badewanne. Eine Bibliothek, ein Kloster oder eine Kirche. Den Lieblings-Lesesessel oder den Wald oder jedes andere Plätzchen, an dem wir unseren Tag unterbrechen können.

Die Welt hat genug für jedermanns Bedürfnisse, aber nicht für jedermanns Gier.

Mahatma Gandhi

Ausprobieren: Fastenzeit

Mag man früher noch an katholische Mönche gedacht haben, die sich vor Ostern aller menschlichen Genüsse enthielten, scheint heute die Zahl derer, die sieben Wochen lang auf etwas verzichten, stetig zuzunehmen. Alkohol, Kaffee, Schokolade und Fernsehen stehen besonders hoch im Kurs, aber auch Gewohnheiten wie der tägliche Blick in die sozialen Medien, das Jammern oder Tratschen hat schon so mancher eine Weile abgelegt – oder sich darum bemüht. Und so begrenzt die Zeit ist, meist strahlt sie etwas aus ins restliche Jahr. ==Denn sieben Wochen auf etwas zu verzichten, hilft, das in den Blick zu nehmen, was wirklich zählt.== Ein bewusster Ausstieg aus dem Alltäglichen ist zugleich ein (wenn auch vielleicht zuerst nur kleiner) Einstieg in ein anderes Denken und Handeln. Gerade eine begrenzte Zeit kann einladen, mit neuen Gedanken zu experimentieren.

Mit dem Vorhaben, sieben Wochen bewusst zu verzichten, ist man in den Wochen zwischen Aschermittwoch und Ostersamstag in guter Gesellschaft. Viele Fastenkalender, die für diese Zeit herausgebracht werden, können zusätzlich Ansporn sein und kreativ inspirieren. Auch die Adventszeit war ursprünglich eine Fastenzeit, die sich wieder beleben lässt. Und natürlich spricht überhaupt nichts dagegen, zu jeder anderen Zeit eine persönliche Fastenrunde einzulegen.

Der Mensch ist umso reicher, je mehr Dinge er lassen kann.

Henry David Thoreau

Ausprobieren:
Das Monatsprojekt

Der Künstler Ted Dave soll ihn 1992 im kanadischen Vancouver erfunden haben: den „Buy Nothing Day", zu deutsch: den Kauf-nix-Tag. Terminiert war er auf den letzten Samstag im November – in Nordamerika traditionell der Tag, an dem die Shopping-Saison für Weihnachten mit besonders vielen Sonderangeboten eingeläutet wird. Mit eigenen Postern machte Ted Dave darauf aufmerksam und wollte damit einen kritischen Blick auf den Konsumwahn werfen.

Nun lassen sich bei einem eintägigen Konsumverzicht alle Käufe recht simpel verschieben. Anders sieht es bei einer Woche – oder erst recht bei einem ganzen Monat aus. Wie wäre es mit einem Kauf-nix-Monat im Januar – gleich nach der Konsumschlacht um Weihnachten? Oder im Februar, als schöne Begleitung zur Fastenzeit? Einmal auszusteigen aus dem Haben-Müssen-Kaufen-Wollen und nichts zu besorgen außer notwendigen Lebensmitteln und Fahrkarten oder Benzin, öffnet die Augen dafür, was wir alles oft so nebenbei mitnehmen und was wir wirklich brauchen.

Wer nicht glücklich ist, wenn er noch nicht alles hat, was er sich wünscht, wird aller Voraussicht nach auch dann nicht glücklich werden, wenn alle Wünsche in Erfüllung gehen.

Valorie Burton

Nachdenken:
Der »Mehr = glücklich«-Irrtum

Nicht arm zu sein, vereinfacht vieles. Ohne Zweifel. Es wäre weltfremd, das zu leugnen. Sich eine größere Wohnung oder eine in einer schöneren Gegend leisten zu können, kann den Alltag erleichtern. Weil es womöglich ruhiger ist und weniger stressig oder grüner oder weil bessere Schulen oder Einkaufsmöglichkeiten in der Gegend sind oder man mehr Platz hat. Sich Bücher, Kultur und Reisen leisten zu können, erweitert den Horizont. Nicht jeden Cent dreimal umdrehen zu müssen, erspart einfach viele belastende Gedanken. Punkt. Umgekehrt ist uns eins aber doch immerhin theoretisch genauso klar: Wer mit Wenigem nie zufrieden ist, wird es auch mit Mehr nicht sein. Deshalb will ich lieber lernen, die schlichten Dinge des Lebens zu schätzen, dankbar für das zu sein, was ich habe und nicht in das Hamsterrad zu tappen, immer und immer mehr zu brauchen. Und noch etwas will ich vermeiden: mich oder andere mit meinem und ihrem Hab und Gut zu identifizieren. Als könnte uns das, was wir besitzen, wie wir wohnen, uns kleiden und fortbewegen, treffend beschreiben oder charakterisieren. Ich bin, was ich habe? Dann wäre ich wohl ziemlich arm dran.

Je länger man lebt, desto deutlicher sieht man, dass die einfachen Dinge die wahrhaft größten sind.

Romano Guardini

Nachdenken: Erleben statt besitzen

Das kleine und das große Glück erwachsen letztlich aus dem Sein, nicht aus dem Haben. Wir erinnern uns viel mehr an das, was wir vor zehn Jahren erlebt haben, als an das, was uns in derselben Zeit gehörte. Weil die Gefühle, die mit dem Wochenende mit Freunden oder der Hochzeitsreise verbunden sind, viel tiefer liegen als der Besitz eines Autos oder Smartphones. Als ich kürzlich ein Geldgeschenk zum Geburtstag bekam und überlegte, welche besondere Freude ich mir davon gönnen wollte, habe ich wieder gemerkt: Ein neues Bett statt dem mehrfach reparierten und unschönen alten wäre ebenso nett wie nach siebzehn Jahren einmal neues Geschirr. Aber nicht zwingend nötig. Weit mehr erinnern werde ich mich später an ein Frauenwochenende bei meiner Freundin in München, für das ich mir schließlich das Ticket gönnte. ==Wobei die Entscheidung, lieber in Erlebnisse als in Besitz zu investieren übrigens auch nicht bedeuten kann, aus allem ein Erlebnis zu machen.== Jedes Frühstücksmüsli scheint heute schon ein „Knuspererlebnis", jede Salami eine „Genusssensation", jede Schokokugel ein „Fest der Sinne" zu sein. Auch da wäre ein wenig Zurückhaltung durchaus im Sinne der Zufriedenheit. Das schlichte Mahl darf auch einfach satt machen und stärken.

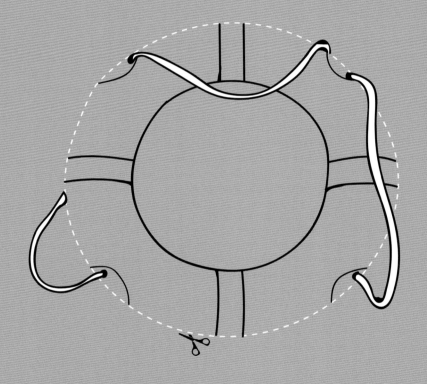

Nachdenken: Der Sicherheits-Mythos

In unserer freien Welt haben wir überraschend häufig einen inneren Regieplan für unser Leben im Kopf: Führerschein mit 18, Ausbildung, Haftpflichtversicherung, Häuschen, Hund, Lieblingsmensch. Und auf dem angestrebten geruhsamen Weg zur Rente sammeln wir nebenbei jede Menge an. Dabei könnte es sein, dass wir einem Mythos aufsitzen: als würde uns mehr Besitz zu mehr Sicherheit und Sicherheit zu mehr Glück verhelfen. Teil eins der Gleichung ist ja nicht ganz von der Hand zu weisen. Immerhin ermöglicht beispielsweise das Eigenheim ein mietfreies Leben im Alter. Sogar die Bibel kennt dieses Prinzip: „Wer seinen Feigenbaum pflegt, der isst Früchte davon", erinnert uns Sprüche 27,25. Oder umgekehrt und nicht wörtlich aus der Bibel: Von nix kommt nix. Fragwürdig wird die Sache dann, wenn wir uns dank Besitz auf der sicheren Seite wähnen. ==Denn erstens kommt vieles anders und zweitens macht Sicherheit nicht automatisch glücklich==, auch wenn Versicherungsgesellschaften und die typisch deutsche Denke uns das gerne glauben machen. Ganz sicher gilt: Mehr von dem, was überflüssig ist in unseren Schränken, verschafft uns keine größere Sicherheit und erst recht keine Zufriedenheit. Wenn man beim Feigenbild aus dem Sprüche-Text bleibt, stellt sich vielmehr die Frage: Welche Früchte möchte ich einmal genießen? Und welchen Feigenbaum will ich demnach pflegen? In seinem wunderschönen Sehnsuchtslied „Haus am See" reimte Peter Fox so unerwartet: „Meine hundert Enkel spielen Cricket auf'm Rasen. Wenn ich so daran denke, kann ich's eigentlich kaum erwarten." Wer hätte dieses Bild vom Glück geahnt? Und wahrscheinlich ist gar nicht alles, was im typischen Regieplan steht, wichtig für meinen ganz persönlichen Film. Wahrscheinlich schlummern in unseren Herzen noch ganz andere Träume. Die möglicherweise Gott genau da platziert hat. Und es lohnt sich, die nicht vor lauter Sicherheit untergehen zu lassen.